AF598808

Ecos en la noche

César Leal Lecaros

(Celele)

Aliarediciones

Corrección: Eladia Guerrero
Diseño de cubierta: Laura S. Ayuso
Maquetación: Aliar Ediciones

Depósito Legal: GR 808-2024
ISBN: 978-84-10374-16-4

Impreso en España

Edita
ALIAR Ediciones
www.aliarediciones.es
info@aliarediciones.es

Ecos en la noche

César Leal Lecaros

(Celele)

1.

Si el infierno existe,
debe parecerse a esta noche,
fría y oscura como tu ausencia,
dolorosa como tu último beso.

Si el infierno existe,
debería parecerse a esta locura
de ver tu rostro en la penumbra
y escuchar tu voz en mi pecho.

El infierno es esta soledad,
es este no tenerte en mis brazos
que hoy solo abrazan al vacío.

No hay infierno más grande
que el vacío que me dejas
y que hoy llenas para otro.

No hay boca más amarga
que la mía besando tu recuerdo,
porque ese aparecer tuyo y esa sonrisa
hoy ya no están
ni en este mundo ni en otro.

Así se me van los días:
grises y oscuros sin tu sonrisa.

Ya te habrás dado cuenta
de lo mucho que te extraño
y cuánto quiero que al fin
este mundo deje de ser una mierda.

Por eso solo te digo
que de todas las maneras que te quiero
hay una que es la que más me gusta
y es la más egoísta de todas:
te quiero aquí, conmigo.

2.

Si pudiera detener el tiempo
lo haría para poder verte con detención,
descubrir cada línea de tu rostro
y cada destello de tus ojos;
jugaría con tu pelo
como dos golondrinas juegan en el cielo,
tocaría tus labios con los míos
para decir lo mismo que ahora te escribo:
no sé de dónde te conozco,
solo sé que estás aquí
deteniendo el tiempo.

3.

No soy poeta ni trovador,
tan solo lo que aquí escribo
es para la mujer que nadie ve,
es para el hombre que vive sin sentido aparente
y para aquellos a los que la luz de la belleza
parece vedada.

4.

Me importa un pito
que la imagen tenue de tu sonrisa
se congele en el infierno del olvido.

No, no me importa para nada
y es porque estás aquí.
No solo con esa sonrisa de flores,
sino que también con todo ese fulgor de tu lengua
que se bate a latigazos con la mía
en un duelo infinito de amor, deseo
y alegría.

No, no me importa para nada,
porque estás como más lo deseo,
de la forma más egoísta y profunda:
estás aquí, conmigo.

5.

Demasiada luz me atormenta,
oscurece aún más este camino de piedras y espinas
por donde cargo la cruz de tu ausencia.

Te vi volar como pájaros hacia el crepúsculo,
con la eterna promesa de un retorno que jamás llega,
mientras nuestra cama se vacía
de los miles de amaneceres
que de amor hicimos.

No se puede detener este destino,
tu silueta se desvanece
como fantasmas en un sueño de niños;
te la llevas, dejándome lo único que me queda de ti:
una lágrima de pájaros
volando hacia el crepúsculo.

6.

El fantasma de tu cuerpo vaga en mi mente
y concluye en mis manos.

Toco el vacío
y explota el deseo.

Ausencia de Ti.
El pavor me recorre,
no estás donde quiero.
Te vas de Mí,
como hielo en el fuego.

7.

Aún duele el beso en esta boca
que ya no te nombra.

Un manto de piedras va borrando tu rostro
y congelando las sábanas de tu cuerpo perdido.

Pienso en partir lejos,
y dejarte cautiva en el rincón de los recuerdos.

Saldré por la puerta que dejaste entreabierta,
pero no iré tras de ti, amor.

La lluvia lamerá mis heridas
y el fuego de otros cuerpos
sublimará esta soledad.

No hay vacío más inmenso
que aquel que llenaste para otro.

Despertarás de tu sueño
y verás mi sombra desvanecerse en tu cama.

Así comprenderás que las despedidas malditas
solo dejan oscuridad
y que el amor también es una derrota.

8.

Dos estrellas amantes se besan a lo lejos,
en un abrazo de luz y sombra, se besan a lo lejos;
dos estrellas que se encuentran antes que nosotros,
a través de mi ventana, se besan a lo lejos.

Ellas esperaron milenios para encontrarse en un beso;
tal vez por eso se dice que es un amor eterno.

Yo las veo mientras se besan a lo lejos.

En una danza de abrazos
presienten la partida,
mañana no habrá besos
ni menos una canción de despedida.

Tal vez así sea nuestro amor:
de lejanías y cercanías,
de besos y despedidas.

Si fuésemos estrellas
bailaríamos esta noche,
como esos brillantes amantes
que se besan sin medida.

9.

Cuando sueño veo que muero todo el tiempo.
Como dos estrellas que chocan y colapsan
muero y no vivo.

Trato de aferrarme a algo
que no sé qué es.

Tal vez sea tu rostro,
tal vez tu cuerpo.

Lo toco y se desvanece,
tal como se diluyen
las lágrimas en el océano.

La memoria no existe.

Solo existe este momento,
en el que muero y olvido.

10.

EL BARCO DEL OLVIDO

Sueño que despierto desnudo en un mar sombrío.
Navego sin rumbo, en el barco del olvido.

No hay quien pague el rescate.
No hay quien ponga una moneda
en el rostro de un alma perdida.

Así estoy, muerto como en una barca sin Caronte.
No es el futuro que quise, tampoco es la muerte que quiero.

Y ahora que el frío me envuelve
no sé cómo ver tu rostro,
solo veo muerte en el barco del olvido.

11.

En un largo camino de sal y mercurio
un hombre queda náufrago en la orilla.

Coseché fuerzas del dolor
y aún pude tender mi mano al hombre caído.

Bailé una danza en espiral
y en el cráneo de la verdad
bebí el agua del destino.

Apartando el manto de las dudas,
en el horizonte una voz resonó a lo lejos:

«Aquí no hay un paraíso
en donde curar la amargura.
Solo eres un ángel caído
y este el infierno del olvido».

12.

Dime dónde guardó Dios
el secreto de la Vida.

Dime dónde encuentro
el tiempo perdido entre lunas de olvido.
Dime cómo evito caer
por la cornisa de tu sentencia.

Ahora que navego en profundos desiertos de arenas oscuras,
pregunté a las estrellas qué hago contigo,
el Sol declaró rotundo:
«No juegues conmigo».

Cada vez que el cielo se viste de lluvia,
no sé cómo cumplir el olvido
de tu condena.

13.

Hoy no conocemos sonrisas,
solo sabemos de miradas.
No todas son iguales.
Hay miradas extrañas y desoladas
como la de quien ruega
por una moneda en su mano.

También las hay de alegría de niños
y otras que nos hacen transparentes
cuando miran invisibles al infinito.

Aunque no sabía más de miradas,
esta tarde encontré la Tuya.

Un fugaz parpadeo nos desprendió de este mundo
mientras nuestras pupilas intensas
contenían el aliento.
Viajé sobre el océano del tiempo
para ver mi vida repleta de colores.
Dos segundos bastaron
para soñar una vida Contigo.

De pronto, tu nombre
surgió de entre las voces del gentío.

Te arrebató para siempre
la voz de la formalidad
y el compromiso.

Entonces, pude comprender
que tan solo una mirada
basta para cubrir al universo.

Ahora que sé de miradas
comprendí que la felicidad
es solo un instante
y que hasta el amor más breve
puede ser eterno.

14.

HAY UNA IMAGEN

Hay una imagen de un álbum perdido
cuyo recuerdo aún sostengo.

Perdí mi rostro deambulando
en orillas de mar.

No estoy seguro de que todos lo entiendan.
Ya nada es como antes.

Ahora nadie puede verme desnudo
en esta orilla de vientos desolados.

Una sonrisa se funde en el horizonte,
tal vez alguien juzga este momento.
Tal vez es la nada devorándolo todo
en este segundo.

15.

Aún no encuentro el viento piadoso
que al fin dé descanso a este cuerpo triste.

A medio camino entre ir o volver
tu silueta aún permanece
en la huérfana ventana de la morada
que alguna vez habitamos.

No sé por qué razón
se inventaron las promesas
si nadie parece cumplirlas,
excepto tú.

No soy quién para juzgar.

Lo cierto es que estoy aquí
esperando a que vuelvas
y que rompas, al fin, tu promesa.

16.

Parece ser un capricho de la memoria
entrometerse justamente esta noche.

En una noche sin sueño
los párpados parecen contar historias.

Cuentos de antiguas sonrisas
cuando el mundo y el tiempo
no parecían tener fin.
Cuando este corazón cansado
aún vibraba al compás del tuyo
en una danza de amantes
absortos de deseo.

Alegres como un mar apasionado
vivimos cada beso
como si fuese el primero.

Tejimos sueños interminables,
colgados en estrellas
en un eterno crepúsculo.

Con nuestras manos esculpimos un futuro.
Y, en un bello horizonte,
la muerte estuvo vedada.

Entonces una poesía infinita
vestía de dulzor tus labios y tu sonrisa.

Hoy, que la verdad se viste de arena,
la memoria se presenta a quitarme el aliento.

En este momento crepuscular,
cuando la luz desaparece de mis ojos,
la muerte rabiosa aparece aplastando los sueños.
Si de pronto mis ojos se cerraran
que sea solo para hallarte desnuda y radiante
detrás de este mundo de abismos y soledades.

17.

Me parece un calvario escribir de esto.

¿En dónde están cobijadas las palabras
que hoy no encuentro?
¿En qué precipicio sin bordes descansan desbarrancadas?

Tantas historias de pálidos besos
que hoy languidecen en silencio.
Otros cuerpos nada saben
de este momento en el que el olvido
parece un pozo sin fondo.

Qué ruido tan triste produce la ausencia
de las palabras que hoy no escribo.

El vacío me parece obsceno.
El mismo que siento en esta noche de silencio.

18.

Se quedaron tan solos
que entre ellos ya no había siquiera palabras.

Tal desencuentro añora un cielo milagroso:
que el rayo del deseo encienda una hoguera de piedras
o que el agua se transforme en vino
como en las bodas de la ilusión.

Y ahí están recostados.
Miran al techo buscando al sol
que nunca aparece.
El pasado de gloria no es más que un reflejo
en el desdichado espejo de dos cuerpos deplorables.

Él, tan bello.
Ella, tan guapa.

No hay tiempo para llantos,
no hay de qué lamentarse.
Mañana será otro día
y, como en toda comedia burguesa,
tal vez el milagro ocurra:
tan solo dos palabras
acabarán por cambiarlo todo.

19.

Bajo la sombra de un árbol
tu cabeza duerme recostada en mi brazo.

Solo la distancia permite los sueños
y yo estoy demasiado cerca
para que me sueñes.

Respiro en tu oído
como el viento saluda a las hojas.
En tu mejilla susurro mi nombre
y en un horizonte de bosques
soy alerce y soy lenga.

Hui del Tiempo para quedarme contigo,
demasiado cerca para que me sueñes.

Mueves tu cabeza en mi brazo entumecido
por los cientos de abejas que clavaron su veneno.

El árbol se ha ido. Despiertas conmigo.

20.

Un frágil destello brota tenue de mi espíritu
en el ocaso.

Tú, que el áspero aliento del viento
has sentido en tus labios
y has visto cómo azota la niebla del Destino,
serás testigo de cómo acaba esta heroica historia.

¿Qué puede ser más leve
que esta llovizna de Gracia y Dulzura?

La oscuridad guardará la memoria de la Luz
cuando por fin se devele el misterio de la vida.

No podré, entonces, besar la inocencia de la palma de tu mano
ni contemplar con mi boca la inagotable realidad de tu lengua.

Como un poema perdido,
un frágil destello brota tenue de mi espíritu en el ocaso.

21.

He venido para ver de lejos
a mi sombra del pasado.

Vine para ver caer los muros soñolientos
de mi alto castillo.

Vine a vivir del mar
desbordado de enigmas y misterios.

He venido a robarle un beso a la muerte
y a decretar el destierro de sus caprichos.
Vine a exorcizar el olvido
y a santificar la memoria.

He venido para besar de cerca tu cuerpo
y ya no amarte de tan lejos.

He venido para que esta vez,
quizás, te quedes conmigo.

22.

La tierra se unía a mis huesos
como el mar absorbe las rocas
hasta el tuétano.
Escuché sonar una tromba
que como un trueno desencajaba al cielo.

Y aun así,
la tierra y el firmamento permanecían
súbditos de la gravedad de los astros.
Entonces vi a ángeles de paja
elevarse hacia un sol de círculos
verdes y negros.
De sus pies colgaban los despojos
de las almas arrebatadas de la áspera
piel del océano
y de la suave ternura de la tierra.

Fui elevado a un cielo
cuya luz no puedo soportar.
Mientras el polvo sepulta
la infinita levedad de esta mortaja
sé que soy libre y también un caído.

Me ha sido vedada la gracia de la verdad,
cerraron con tapones de olvido
la inmarcesible memoria de la vida.

23.

Estoy repleto de sombras de fríos fantasmas
y de noches que transitan
entre un largo invierno y una sutil primavera.

Tú aún no lo sabes,
mi guarida melancólica se viste de colores
cuando tu nombre resuena sutilmente
en mis pálidos oídos.

Tu nombre vibra como el suave
aleteo de los pájaros de la esperanza
        sobre la oscura agonía del deseo de mi alma.

Tu nombre fuerte, solemne y fresco
es como el agua esencial que fecunda al mundo.
Tu nombre, puro e inmaculado,
espanta a mis muertos de la angustia
de un mundo que cae fragmentado.

Tu nombre, enorme y eterno,
sin manchas ni defectos,
sonríe, en secreto,
a mi amor infinito.

24.

Una noche de mayo recordé cuánto te debo.

Una canción y un poema,
que hablen de Ti y de Nosotros.

Una noche de mayo,
con tu voz en mi pecho,
supe que eras tú a quien tanto Amo.

Y es que tu voz acalla
todos esos ruidos inquisidores
repletos de estruendos.

Tu voz,
la que tanto anhelaba sentir,
desde una noche de mayo
la escucho aquí,
en mi corazón infinito.

Una noche de mayo,
tu voz, que viene de un tiempo hermoso
cuando mi suerte contigo era mejor,
hoy está aquí, brillando otra vez,
conmigo.

25.

INCERTIDUMBRE

Aún no son claras las noches, aquí.
No sabemos si la luna está llena, o bien decayendo.
Puede que sangrando sus pesadas lágrimas de plomo,
o bien transitando en una espesa bóveda
repleta de estrellas que jamás se alcanzan.

Una noche puede que sí,
otra noche, tal vez no.

Lo único cierto
es que aún no son claras las noches, aquí.

26.

La luz de tu amor
es la que despierta a mis ojos.
Ligera y cálida como un campo de girasoles
que saludan al sol.
Quieta y sutil como los colores
de la brisa de la mañana en verano.

La luz de tu amor se posa en mi alma
dando forma a la pureza de las cosas.

Así, también, el susurro de tu voz
inunda de música el vacío insomne
de mi pecho
y despierta a los sueños que la Vida
aún no corrompe.

El futuro, amor mío,
espera como página en blanco.
Aguarda, solemne, ser escrito
por tu mano junto a la mía,
por eso es que somos inmortales.
Porque no hay edad ni tiempo,
porque este momento luminoso
es tuyo y es mío.

Y si he de morir algún día,
que sea de amor
y que sea contigo.

27.

La inocencia no es un arma en la Tierra.

La desidia cavó trincheras en el corazón de los hombres
y ya no parece haber batallas en el horizonte.
Dios es lejano y vacío.
Tal vez el destino de los dioses
sea abandonar sus creaciones al libre albedrío
y al dominio de la muerte.

La Parca nos arroja los despojos del paraíso perdido.
Ya no hay demonios en el infierno: cabalgan todos
            en este páramo.

Tan solo de yeso están hechos los santos.
Como falsos magos de manos vacías
pretenden tocar a los corazones ebrios de codicia.

... Tantos sueños despojados de sus dueños y arrojados al vacío.
... Tanto desamor que navega sobre los mares
arrastrando con sus redes a los últimos cuerpos
            de la nobleza humana.

Me aparto de este mundo y de su pestilente arrogancia
de buscadores de curanderos que proliferan por doquier.
Sus carnes se ablandan en sus almas turbulentas
y sazonan sus bocas indecentes con los trozos del Edén.

Como vemos, ya no quedan más batallas que librar.
Las últimas almas se tiñen de púrpura
y los ojos del destino se cierran para siempre.

28.

La noche se desploma con alevosía
trayendo las goteras de silencios lejanos.
Con insomnes aullidos de bestiarios infernales
la Luna permanece inmóvil, anclada y muda
en el firmamento de estos muros.

En el oscuro fondo de la puerta entreabierta de tu ausencia
mora tu rostro inalcanzable y penitente.
La fría manta de este abandono
no basta para cubrir mis pies descalzos de tanto buscarte.
Me arropo con la última visión de tus ojos
y el pálido rubor de tus labios.

... y en mi piel, marchita de ti,
reposan tristes las burdas copias
de otras lejanas caricias.

Cientos de luces matinales
anuncian una pausa
en esta noche de ocasos permanentes.
Así, otra vez la espera será en vano
hasta que la noche, nuevamente,
se desplome con alevosía.

29.

Tú no te imaginas cuánto he vivido para hoy vivirte.
Tú no te imaginas cuántas veces luché
para sacarte de mis recuerdos
y dejarte danzar libre en el fondo de mi amor.
Tú no te imaginas cuánto quise tener,
de todo el tiempo del mundo,
tan solo un segundo para quererte.
Tú no te imaginabas, sino hasta ahora,
la dulzura que siente mi boca
cada vez que mis labios te pronuncian.
Tú eres la respuesta que tanto esperaba
a una pregunta que martillaba
aguda en mi alma:
¿Estarás aquí hasta el fin
del infinito?

30.

El amor nace en tus ojos.
En ellos yo, perdidamente, tiemblo
navegando hacia el futuro.

Tu mirada es quien crea con pasión a este mundo.
Y es con mi Amor con que percibo,
dentro de ti, tu ser divino.
En tus ojos veo y comprendo.

Miro la noche tras la ventana de mis pupilas,
un astro fijo iluminando el tiempo
me habla de que es tu amor quien señala mi destino.

El amor nace en tus ojos
y es tu mirada la que pronuncia estos versos
aquí, en mi corazón infinito.

31.

Con otros pasos recorreré tus huellas
en esta ciudad que te extraña.

Cada día reconstruyo la imagen
de tu cuerpo en esta ausencia
que se anuda como serpiente en mi garganta.

Ahora, el pasado de verdad existe,
una parte de mi vivirá en él para siempre contigo
tratando inútilmente de distinguir un futuro
tenue y brumoso.

Esta ciudad transita desconsolada
porque se ha perdido el paso enamorado
del que fue nuestro Destino.
No hay un lugar en donde esconder mi alma
del sol despiadado de tu rostro
que aquí brilla sin un ocaso.

32.

En mi amor estás toda,
o casi toda.

Ahora, cuando resulta evidente
la caída de las hojas secas de mi vida,
ya quisiera tener todo el tiempo del mundo,
para seguir descubriendo con mis manos,
incrédulas y tiernas,
el glorioso misterio que esconde tu cuerpo.

Gracias a ti, he descubierto la gracia bendita del amor,
cada vez que en mi oído
tu aliento en agonía y éxtasis susurra mi nombre.

Gracias a este momento luminoso descubro
que todos los espacios de mi vida tienen algo tuyo
y que, de forma tan sutil,
el viento del tiempo infinito sopla en mí, contigo.

33.

NOCHE DE OJOS ABIERTOS

Con la mirada sonámbula
recorro cada uno de los retratos de tu sonrisa
que he colgado en este infinito muro de sombras.

Esta noche vendrás a reclamar tu lugar en mi cuerpo.
Aunque hoy no seamos los de ayer,
en esta noche solo existe el deseo intenso
de nuestro crepúsculo.

En esta noche blanca Tú serás y estarás.
El compás sutil de las horas
sucumbirá pálidamente al gemir de nuestros besos.

Ahora que vienes a reclamar tu lugar en mí,
luminosa estarás al alcance de mis ojos,
tu corazón de mis manos,
y muy lejos de esta soledad alevosa
que no nos pertenece.

34.

Llegaré tarde a la muerte
y a sus homenajes de llantos e histeria.
Tardaré para ver cómo algunos
se miran las manos vacías de tanto buscarme.

Llegaré tarde a la muerte porque hoy es la poesía
la que desentierra mis muertos sin habla.
Llegaré tarde a la muerte porque celebro
la hermosa epopeya de encontrarte.

Llegaré tarde a la muerte porque desde Ti
camino sobre las aguas del Mundo
como un Cristo ungido de Gloria, Gracia y Amor.

Llegaré tarde a la muerte,
aunque hoy una tormenta se cierne, inclemente,
sobre los techos del Mundo.

35.

La soledad es verse en el espejo de los ojos
y no distinguir tu figura.

Me pregunté si las respuestas estarían en tus ojos
después de buscarlas por tanto tiempo.

Los ojos son puertas
y todas las puertas son iguales,
excepto esta que diferencia una salida
de un sitio al que volver.

Crucé el umbral del inconsciente
y me sumergí en el océano de la incertidumbre
para ver tus ojos responder.

Yo los miro, ellos abren mi camino.
Yo los miro y me pregunto si acaso sabrán
que en esta mirada está dibujado
nuestro destino.

Al verlos comprendí que todos los océanos tienen orillas
y que esta puerta solo conduce al único sitio
al que quiero volver.

36.

Casi siempre tomo el mismo libro de poesía.

Un libro lleno de versos y
letras de armonía.

Me gusta tomarlo
con delicadeza
y con las manos abiertas
recorrer una a una sus pálidas hojas.

Me gusta no solo por la poesía
que su interior alberga.
De todos los poemas que tiene
el primero es el que más quiero,
tan solo un verso y una declaración
contienen al universo entero:
... es para ti,
mi Amor infinito.

37.

He tenido un sueño
en el que no hay más que una letanía.

Soñé como se sueña la tristeza:
con una ventana de luz amarilla
que se posa en esta cama
y tu ropa dispersa por el pasillo.

Al fondo, vi tus huellas perderse tras esa puerta
y un sombrío silencio anunciaba
el más triste de los destinos:
tu cuerpo se exilia del mío.

He tenido un sueño
y no he visto más que silencio,
el mismo que deja tu nombre
en esta boca que no te nombra.

He tenido un sueño
y en él veo desiertos de arena,
la misma que crece en mi garganta
cada vez que te nombra.

38.

Todo lo que conocí reside aquí,
en mi cabeza.

Todo lo que comienza siempre acaba;
tal vez era demasiado bueno para ser cierto.
Al fin y al cabo, ya estoy afuera.

¿Descubriré algún día quién soy
y en quién me convertí?

Soy un extraño en este mundo
y, sin embargo, todo me resulta tan familiar.

¡Qué tontería!,
la angustia no espera,
el tiempo parece la enfermedad y no la cura.

Quizás he sido muy curioso y me equivoco al pensar.
Cierro los ojos una vez, los cierro de nuevo,
la vida pasa desapercibida,
como luces de neón en un cielo nocturno.

Creo que debería detener este sueño
de andar en bici sin manos.

El mundo parece acabar en este crepúsculo.
Si me rindo ahora, se perderá solo un poeta,
para entonces, el mundo carecerá de sentido.

Afuera, en el umbral de la Tierra,
ya nadie espera, todos ignoran.

39.

Te quiero porque crecí soñando la ternura
que hoy vivo en tus labios.

Te quiero porque cuando no estás conmigo acaricio tu rostro
en las incontables estrellas de las noches sin luna.

Te quiero porque aún te busco
en los versos que todavía no te he escrito.

Te quiero para tomarte de la mano
y llevarte a recorrer los últimos senderos
sobre el tierno lago de nuestros sueños.

Te quiero para ir a buscarte
en los dulces pensamientos que tu rostro evoca
cuando mis días se asoman amargos y oscuros.

Te quiero para vivir muertos de la risa
el tiempo que ya roza las fronteras de nuestras vidas
y decirnos con la mirada que el amor infinito
solo se vive contigo.

40.

Escribir sobre Ti es parecido a hablarte
mirándote a los ojos.

Miradas desprotegidas y desnudas
porque no sé disimular
lo que mi boca siente y calla.

Mis labios silenciosos hablan de Ti, susurran entre ellos
dictando letra a letra cuando te siento en un poema.

Lo sé.
Preferiría rozar la comisura de tu boca
que escribir lo mismo en un papel,
pero creo tanto en lo que te escribo,
como si fuese un niño elevando una plegaria a su dios amado.

Cuando escribo sobre Ti, me parece que el mundo
          es tan pequeño
que lo recorrería cien veces de la mano contigo.

Cuando escribo sobre Ti, la vida me parece tan hermosa
          e intensa
que hasta mi soledad más querida se ha enamorado de nosotros.

Cuando escribo sobre Ti, me parece que puedo rodear
el cielo con mis brazos,
leer la Vida y el Destino trazados en las líneas de tus manos.

Escribir sobre Ti es como cuando en mi habitación
no estamos juntos,
apago las luces para verte mejor y soñar que mañana
volverás a estar conmigo.

41.

Esta mañana fría escribo en un papel
un dulce pensamiento que tengo de Ti.

Este papel tendrá la suerte de ver lo que mis ojos
no podrán:
tu rostro fijando la mirada en él
y tus manos abrazando sus letras.

Hoy, en esta fría mañana,
este papel estará más cerca de Ti.
En un viaje misterioso entrará en tu casa
y en su habitación más profunda
se abrazará contigo.

Entonces leerás estas líneas,
verás mi rostro sonreír
mientras un suave «te amo»
susurra en tu pecho.

42.

Escribiendo estos versos
descubrí de qué estoy hecho.
Como una revelación a un profeta ebrio de Dios,
la verdad se asoma tras la puerta.

En esta pira de culpas,
en donde arde el chivo expiatorio de mis soledades,
acumulo el valor para seguir viviendo.

Nunca preferí ni a los presos ni a los jueces.
Aparté de mi existencia condenas y sentencias
de quienes dejaron heridas
demasiado abiertas para ser cicatrices.

Tal vez por eso es que amo
la libertad sin fronteras.

A veces, hui despavorido
como bestia que huye del fuego
que todo lo consume.

No tengo deudas ni créditos que pagar.
Solo tengo una mochila y las manos vacías,
para recorrer con ligereza
el camino que me enfrenta.

43.

En un claro, de un denso bosque de témpanos,
las promesas huyen buscando resguardo.

Allí he construido una morada.

En los bordes del bosque,
bajo un cielo siniestro de estrellas apagadas,
el tiempo ha cavado trincheras y encendido hogueras
con tus palabras.

Aquí no hay mantas que cobijen del frío
si este viene desde adentro.

Al final de este poema
yo hundiré las manos en mi rostro reflejado
en el fondo de esta ciénaga,
o quizás encuentre las palabras correctas
para romper las trincheras
e ir tras de Ti.

44.

¿Cuánto desamor se esconde
en una mirada de ojos tan abiertos
como los párpados de los muertos?

Aún guardo tu rostro en el cajón de soledades
del baúl de mi corazón.

Suelo visitarlo regularmente
y permanezco solo con las nostalgias
que dejaron tus ojos.

Lleno de angustias
y vacío de tu presencia
visito tu rostro y a tus ojos infinitos
que miran de costado
hacia otro camino
que no es el mío.

Tengo la secreta esperanza
de que en la próxima visita
tu mirada lejana al fin se fije en la mía.

Mientras tanto, convivo con mi soledad
y esta agonía.

45.

Hay heridas que no cierran,
supuran recuerdos que erosionan el corazón.

No debería siquiera lamerlas,
tal vez debiera mirarlas de lejos
y contemplar cómo el olvido las atenúa,
en silencio.

Hay heridas que no cierran
porque tus dedos las horadan
y yo, en mi fragilidad,
las suturo
con puntos suspensivos.

46.

Viví como si nada importara, con muros demasiado grandes
para ver el horizonte que inconsciente se desplegaba.

Guardé el secreto deseo de revivir ese primer encuentro
que hasta hoy solo era un recuerdo.

Te mantuve a una silenciosa distancia,
hasta que tu mirada levantó puentes a mis fronteras.

Y aquí estamos,
limpios de todo pecado,
con todas las culpas confesadas
y todas las estrategias perdonadas.
Tomo el libro de la vida que estuve escribiendo
para cambiar el final
y describir, con todas sus letras,
que aquí también hay un final feliz.

Extinguidas todas las luces que nos guiaban,
muertas junto a las mentiras
predicadas por tanto falso profeta
y en contra de todas las suposiciones,
entré por tu costado de Eva
para fundirnos en lo único
que deseábamos ser.

Tuyo es mi ojo, mía es tu lengua,
nuestros los besos que comienzan en los labios
y acaban en todos los rincones
de nuestros cuerpos.

Ahora que convergen todos los puntos de vista,
no hay punto de retorno.
Dejaste morir a tu marinero
para que yo, eterno navegante,
solo retorne a tus orillas.

47.

Qué intensa es la penumbra
que ahoga la llama de esta vela.

Tan sutil y tan densa a la vez,
sus bordes parecen acariciar la luz
y moldean el titilar de la llama.

Solo una vela llena un pequeño espacio
con una luz pronta a apagarse.

Yo, que estoy al fondo de esta penumbra,
no distingo mis formas,
solo percibo mis deseos y angustias
de ver la luz de esta llama
extinguirse para siempre.

48.

Sin sitio a donde ir, nos dijimos adiós
frente a la última puerta que nos quedaba.

Nunca llegué a amarte como pensé que lo haría.
Cuando me encuentre solo sé que estarás ahí,
en el fondo de lo que llaman memoria,
para que mi deseo pinte tus manos en esta luna.

La niebla nunca deja marcas, como tampoco mi cuerpo
dejó huella en el tuyo.

49.

Para una amiga a quien nunca le han pagado.

Yo haré que en tu tumba solo crezcan
fantasmas grotescos de angustia.

Con la misma entereza que hoy me reconozco,
tus hijos sabrán de todos los jardines
que tus manos segaron.

Ellos verán que solo estuviste a la altura de mis talones
llenos de llagas de tanto clamar justicia.

Verán orgullosos las victorias que lograré
frente a las miles de cruces que clavaste en mi pecho.

Voy a plantar semillas de amor en sus corazones
para que brote puro y consciente
de sus manos olvidadas por tu narciso egoísmo.

Voy a llevarte al fondo de lo que tus ojos no ven,
pondré un espejo de lata en tu frente
para que reconozcas la fétida vergüenza de tu ser.

Yo saltaré todas tus prohibiciones,
borraré del eco de la memoria
la promesa de eternidad que una vez hiciste,

porque hoy soy distinta,
porque hoy curo las heridas del desamor
que tu sinvergüenzura provoca.

Con orgullo me levanto
y proclamo lograr todo aquello de lo que me privaste:
voy a ser feliz sobre tu pena.

50.

Si quieres saber donde está tu corazón,
observa dónde va tu mente mientras caminas.
Walt Whitman

Qué curiosos son estos momentos
en donde te siento tan profundo
como si el tiempo fuese eterno.

Qué curioso es este momento
en que te siento tan cercana
y, vaya paradoja, estamos tan lejos.

Qué curioso es este momento
en que solo siento que te beso
en silencio.
Yo, que apenas te conozco,
parece que desde siempre
lo he hecho.

51.

En una noche así,
con una penumbra como esta,
tu rostro se asoma por la ventana
que en el firmamento hemos construido
para vernos y rozarnos.

En una noche como esta,
cuando tus labios se asoman
a tocar los míos,
no distingo de realidades ni asombros.

Vivo soñando que te beso
y cuando te beso
sueño que te vivo.
Es por eso que en las noches como esta
solo te quiero
aquí conmigo.

ÍNDICE

1. Si el infierno existe.......... 9
2. Si pudiera detener el tiempo 11
3. No soy poeta ni trovador.......... 12
4. Me importa un pito 13
5. Demasiada luz me atormenta 14
6. El fantasma de tu cuerpo vaga en mi mente 15
7. Aún duele el beso en esta boca 16
8. Dos estrellas amantes se besan a lo lejos 17
9. Cuando sueño veo que muero todo el tiempo.......... 18
10. EL BARCO DEL OLVIDO.......... 19
11. En un largo camino de sal y mercurio.......... 20
12. Dime dónde guardó Dios.......... 21
13. Hoy no conocemos sonrisas 22
14. HAY UNA IMAGEN 24
15. Aún no encuentro el viento piadoso.......... 25
16. Parece ser un capricho de la memoria.......... 26
17. Me parece un calvario escribir de esto.......... 28
18. Se quedaron tan solos 29
19. Bajo la sombra de un árbol.......... 30
20. Un frágil destello brota tenue de mi espíritu 31
21. He venido para ver de lejos.......... 32
22. La tierra se unía a mis huesos.......... 33
23. Estoy repleto de sombras de fríos fantasmas 34
24. Una noche de mayo recordé cuánto te debo.......... 35
25. INCERTIDUMBRE.......... 36

26. La luz de tu amor 37
27. La inocencia no es un arma en la Tierra 39
28. La noche se desploma con alevosía 41
29. Tú no te imaginas 42
30. El amor nace en tus ojos. 43
31. Con otros pasos recorreré tus huellas 44
32. En mi amor estás toda 45
33. NOCHE DE OJOS ABIERTOS 46
34. Llegaré tarde a la muerte 47
35. La soledad es verse en el espejo de los ojos 48
36. Casi siempre tomo el mismo libro de poesía 49
37. He tenido un sueño 50
38. Todo lo que conocí reside aquí 51
39. Te quiero porque crecí soñando la ternura 53
40. Escribir sobre Ti es parecido a hablarte 54
41. Esta mañana fría escribo en un papel 56
42. Escribiendo estos versos 57
43. En un claro 58
44. Cuánto desamor se esconde 59
45. Hay heridas que no cierran 60
46. Viví como si nada importara 61
47. Qué intensa es la penumbra 63
48. Sin sitio a donde ir, nos dijimos adiós 64
49. Yo haré que en tu tumba solo crezcan 65
50. Qué curiosos son estos momentos 67
51. En una noche así 68

Este libro se terminó de editar en Granada
en junio de 2024 por

Aliarediciones

www.aliarediciones.es
info@aliarediciones.es